Ein Wort zuvor

Die Bibel erzählt Geschichten
von Menschen. Menschen, die gute Taten
vollbringen, Menschen,
die scheitern, Menschen, die Wunder
erleben und Menschen, die verzweifeln.
Dieses Buch stellt ein paar
dieser Menschen vor.
Es erzählt von ihrer Angst,
ihrem Scheitern und ihren heldenhaften
Momenten.
Sie sind – wie wir alle –
himmlisch unperfekt.

INHALT

Johannes den Täufer

DAS BESONDERE AN DIR IST, ANDERE INS SCHEINWERFERLICHT ZU RÜCKEN UND SELBST IM HINTERGRUND ZU VERSCHWINDEN.

Ein Wasserträger also, der wie ein Radprofi sein ganzes Leben lang dafür trainiert, im richtigen Moment den Favoriten zum Sieg zu verhelfen. Johannes ist so einer. Ein „Wassertäufer", ein letzter Prophet, dessen Berufung es ist, sein ganzes Leben lang die Menschen zur Umkehr zu Gott aufzurufen, sie zu taufen und so auf Jesus vorzubereiten. Der richtige Moment ist gekommen, als Jesus zu Johannes an den Jordan kommt, um sich von ihm taufen zu lassen. „Ich müsste doch eigentlich von dir getauft werden!", wendet Johannes noch ein. Doch dann tauft er Jesus. Und es geschieht: Der Himmel öffnet sich und der Geist Gottes kommt in Form einer Taube auf den frisch Getauften herab. Eine Stimme erklingt und benennt Jesus als den Sohn des lebendigen Gottes. Das erste öffentliche Christuszeugnis. Bedeutsam. Wirkungsvoll. Und Johannes? Er verschwindet wenig später im Gefängnis und wird hingerichtet, weil er den Lebenswandel des weltlichen Herrschers Herodes angeprangert hat.

»Ich taufe euch mit Wasser, denn ihr wollt euer Leben ändern. Aber nach mir kommt einer, der ist mächtiger als ich.«

— *Matthäus 3,11* —

Nachfolgen ★★★★

BEWERTUNG

Trainieren wie ein Profi, das Schreiben für andere oder die gute Seele im Hintergrund: Ohne Unterstützer kommen wir nicht weit. Es ist eine heldenhafte Rolle, die ganz ohne Pokal auskommt. Ein Power Move, der oft unterschätzt wird. Für seinen späteren Moment des Zweifelns ziehen wir Johannes dennoch einen Stern ab. Gerechtfertigt?

Andreas

MARKUS 1,16–20

> DU HAST EINEN BERUF,
> EINE FAMILIE UND EIN ZUHAUSE,
> ALS DU VON JESUS BERUFEN
> WIRST, IHM NACHZUFOLGEN.
> UND DU GEHST OHNE ZÖGERN MIT.

Andreas ist einer der ersten Jünger Jesu und gibt alles auf, um in Zukunft andere Menschen von der Botschaft des Messias zu überzeugen. Auch wenn dieser radikale Schritt egoistisch wirkt und kein Gedanke – oder Wort – an die Hinterbliebenen fällt, so ist es heldenhaft, für seine Überzeugung derart einzustehen und die eigenen Pläne zu verwerfen. Um in die Nachfolge zu treten, ging die Initiative nämlich nicht, wie sonst üblich, vom „Bewerber" aus. Jesus selbst beruft ihn und löst ihn aus weltlichen Sicherheiten und Beziehungen. Andreas, der diesen Ruf annimmt, schließt mit seinem alten Leben ab. Wohlwissend, dass er in Gottes Plan eine entscheidende Rolle spielt.

Jesus sagte zu ihnen:
»Kommt, folgt mir!
Ich mache euch zu Menschenfischern!«
Sofort ließen sie ihre Netze liegen
und folgten ihm.

— *Markus 1,17–18* —

Nachfolger ★★★★★

BEWERTUNG

In der Rolle des Nachfolgers bekommt Andreas 5 von 5 Sternen. Unbeirrt, mutig und radikal folgt er. Würden wir diesen Power Move jedoch kritisch betrachten, so könnten Sterne abgezogen werden. Denn sympathisch ist das Verlassen der Hinterbliebenen nicht. Zudem kann die Reflexion bemängelt werden. Oder heiligt der Zweck alle Mittel?

Die kanaanäische Frau

MATTHÄUS 15,21–28

> DU BIST EINE FRAU, BITTEST UM HILFE
> UND WIRST MEHRFACH ABGEWIESEN –
> UND DAS VON JESUS SELBST.

In keiner anderen Geschichte erscheint Jesus derart unsympathisch, wie in der kurzen Erzählung in Matthäus 15. Eine kanaanäische Frau bitte Jesus um Hilfe, ihr Kind zu retten. Aber er ist nicht der Ansicht, ihr stehe diese zu. Doch trotz wiederholter Ablehnung lässt sich die Frau nicht entmutigen. Sie reagiert nicht einmal verletzt oder beleidigt, obwohl Jesus sie sogar mit einem Hund vergleicht.

Sie glaubt einfach weiter. Sie kämpft einfach weiter. Ein heldenhaftes Verhalten: unbeirrt für seinen Glauben einzustehen und sich nicht davon abbringen zu lassen. So muss auch Jesus anerkennen, dass sie im Recht ist. Gott will das Gute für alle Menschen: Juden und Heiden. Und die Tochter der Frau wird geheilt. Jesus lobt diese widerspenstige Frau sogar für ihren großen Glauben.

Darauf antwortete Jesus:
»Frau, dein Glaube ist groß! Was du
willst, soll dir geschehen!«
—— *Matthäus 15,28* ——

Durchsetzungskraft ★★★★★

Power Move Durchsetzungskraft. Definitiv 5 von 5 möglichen Heldensternen. Siehst du das auch so? Ist Durchsetzungskraft eine heldenhafte Eigenschaft, oder wie würdest du die „Heldin" der Geschichte einordnen?

Petrus

MATTHÄUS 16,13–20

> DU HAST ALLES AUS NÄCHSTER
> NÄHE ERLEBT UND WUNDER GESEHEN.
> JETZT HAT ES „KLICK" GEMACHT
> UND DU GIBST IHM EINEN NAMEN.

Petrus war einer der ersten Jünger, und er war live dabei, als Jesus Brot und Fische vermehrte, Blinde heilte und die Bergpredigt hielt. Sogar die Heilung seiner Schwiegermutter durch Jesus erlebte er. Als einfacher Fischer vom See Gennesaret hatte Petrus keine besondere Bildung. Doch als Jesus die Jünger fragt, für wen sie ihn halten, zählt Petrus am schnellsten eins und eins zusammen. Jesus ist keiner der gewöhnlichen Wanderprediger. Er hat ein Geheimnis. Das spricht Petrus aus: Jesus ist Gottes Sohn. Diese Erkenntnis lobt Jesus, auch wenn er Petrus darauf hinweist, dass er es nicht von allein geblickt hat. Gott der Vater hat ihm den Durchblick geschenkt. Schade nur, dass Petrus und die Jünger die Erkenntnis vorerst für sich behalten müssen. Jesus will nicht, dass sich das Geheimnis rumspricht.

Simon Petrus antwortete:
»Du bist der Christus, der Sohn des
lebendigen Gottes!«
—— *Matthäus 16,16* ——

Durchblick ★★★★

Die Erkenntnis von Petrus hat nach 2000 Jahren Kirchengeschichte nichts Geheimnisvolles mehr. Aber die Frage von Jesus ist auch heute noch aktuell: „Für wen haltet ihr mich?" Die Palette der Möglichkeiten ist groß, und jeder mag in einer anderen Lebensphase eine andere Antwort wählen. Vorbild? Erlöser? Freund? Für wen hältst du ihn?

Bartimäus

> DU RUFST,
> NIEMAND REAGIERT.
> DU SCHREIST
> UND WIRST
> ENDLICH GEHÖRT.

Wir wissen wenig über diesen Bartimäus, den „Sohn des Timäus", wie alt er ist, ob er von Geburt an blind war oder seit wann er am Straßenrand betteln musste. Doch sicher war es ein leidvolles Schicksal. Ein Leben am Rande der Gesellschaft. Ausgegrenzt und abhängig zugleich. Da könnte man einwenden: Was ist denn so heldenhaft an Bartimäus' Geschrei, er hatte doch nichts zu verlieren? Doch es ist eben diese Schwäche, aus der seine Stärke erwächst. Er hätte aufgeben können, sich seinem vermeintlichen Schicksal fügen. Aber als Jesus kommt, erhebt er seine Stimme und lässt sich von niemandem abbringen. Er hält sich mit ganzer Kraft an seiner Hoffnung fest. Und diese Hoffnung heißt Jesus. Der sagt ihm schließlich „Dein Glaube hat dich gerettet." Seinen Glauben in diesem Leben zu verlieren, hätte Bartimäus allen Grund gehabt.

Sofort konnte er sehen und er folgte Jesus auf seinem Weg.
— *Markus 10,52* —

Unerschütterlichkeit ★★★★

BEWERTUNG

Wenn man nicht gehört wird, kann die Versuchung groß sein, zu kapitulieren, die Arme zu verschränken und es einfach laufen zu lassen. Für Bartimäus keine Option. Er schreit umso lauter. Ist das Mut oder Verzweiflung?

Maria, die Frau, die Jesus salbt

AUF DEN ERSTEN BLICK IST ES VERSCHWENDUNG, DIE LAUTE EMPÖRUNG NACH SICH ZIEHT. AUF DEN ZWEITEN BLICK IST ES EINE GROSSE GESTE DER HINGABE.

Während eines Besuches von Jesus bei Lazarus kümmert sich Marta um den Tischdienst und bewirtet rollengemäß die Gäste. Ihre Schwester Maria hingegen trifft eine andere Entscheidung: Sie setzt sich zu seinen Füßen, nimmt reines, kostbares Nardenöl und salbt seine Füße. Und Jesus lässt sie gewähren. Diese ungewöhnliche Handlung ist für die Jünger eine große Herausforderung. Und von einem wird sie völlig falsch bewertet. Nach Matthäus und Markus sind es einige

Jünger, die sich unzufrieden äußern. Doch Johannes nennt den eigentlichen Verursacher des Murrens, es ist Judas. Und er meldet sich vorwurfsvoll und voller Unzufriedenheit laut zu Wort: „Warum hat man dieses Salböl nicht für 300 Silberstücke verkauft und das Geld den Armen gegeben?" Als Frau hat Maria hier nichts entgegenzusetzen, und so tritt Jesus für sie ein. Er sieht tief in ihr Herz und erkennt ihre Gedanken und Motive für ihre Handlungen.

Doch Jesus erwiderte: »Lass sie!
Sie hat es aufbewahrt, um mich damit
schon heute für mein Begräbnis zu salben.«
—— *Johannes 12,7* ——

Hingabe ★★★★

Manchmal muss man seiner Intuition folgen und sich über Konventionen hinwegsetzen – egal welche Reaktion dies bei Außenstehenden auslöst. Marias (nicht die Mutter Maria und auch nicht Maria Magdalena) Entscheidung, ein 300 Silberstücke teures Öl für die Salbung von den Füßen von Jesus zu verwenden, mag nach Verschwendung aussehen. Es ist aber – so Jesus selbst – eine „Voraussalbung" seiner eigenen Bestattung und ein Zeichen von Hingabe. Wie würdest du diese Handlung bewerten?

Jesus

STELL DIR VOR,
DU HAST EINE AUFGABE VOR DIR,
DIE DEIN LEBEN KOSTEN WIRD.
WAS GÄBEST DU DARUM, UM DIESE AUFGABE
HERUMZUKOMMEN?

Kein durstiger Mensch lässt einen gefüllten Becher stehen. Es sei denn, der Becher ist gefüllt mit Leid. Der „Kelch des Leides" ist sprichwörtlich geworden für schwere Stunden. Auf solche Stunden bereitet Jesus sich am Vorabend seiner Kreuzigung in einem kühlen Garten nahe Jerusalem vor. Er wird von seinen drei engsten Vertrauten begleitet und ist doch allein. Er hält Zwiesprache mit Gott, seinem Vater. Es gibt keine Worte aus seinem Mund, die menschlicher sind als diese: „Wenn es möglich ist, dann erspare es mir,

sen nicht mehr vorbei. Er muss Farbe bekennen.
Wie viel Mut muss ihn diese Bitte gekostet haben!
Und wie viel Liebe zu Jesus muss der Antrieb dazu
gewesen sein! Mit ihr tritt er ins Scheinwerferlicht
der Geschichte – und wird später in zahlreichen
Gemälden und berühmten Legenden verewigt.
Erstaunlicherweise kommt Pilatus seiner Bitte nach.
Josef nimmt Jesu Leichnam ab, wickelt ihn in
ein Leintuch und legt ihn in ein Felsengrab – sein
eigenes. Ob er geahnt hat, dass das Grab bald wieder
leer sein würde? Sein Mut beeindruckt jedenfalls
bis heute.

> *„Er wagte es, zu Pilatus*
> *zu gehen und ihn um den Leichnam*
> *von Jesus zu bitten.“*
>
> —— *Markus 15,43* ——

Bekennermut ★★★★

BEWERTUNG

**Öffentlich für seine Überzeugungen einzustehen,
ist nicht immer einfach – besonders, wenn man mit
unangenehmen Konsequenzen rechnen muss. Wer
es dennoch tut, ist mutig. So wie Josef von Arimatäa,
der sich durch seine Tat zu Jesus bekannt hat. Doch
hätte Josef diesen Schritt schon zu Jesu Lebzeiten
gehen müssen? Kommt sein Bekenntnis zu spät?**

Thomas

JOHANNES 20,24–29

DU KONNTEST SIE EINFACH NICHT GLAUBEN,
DIESE VERRÜCKTE GESCHICHTE,
DIE DEINE FREUNDE DA ERZÄHLT HABEN.

Der ungläubige Thomas – das sagt doch eigentlich alles! In Anbetracht dessen, was Thomas mit Jesus erlebt hat und noch erleben wird, ist der Beiname nicht wirklich fair, rückt er doch einen Moment der Schwäche in den Vordergrund, der nur allzu menschlich ist. Kaum einer kann wohl ernsthaft behaupten, dass er anders reagiert hätte – weder die Jünger damals noch Christinnen und Christen heute. In Sachen Identifikationspotenzial hätte Thomas die vollen fünf Sterne jedenfalls absolut verdient. Sein Scheitern hat schon deswegen etwas Sympathisches, weil er am Ende doppelt danebenliegt: Ja, Jesus ist wahrhaftig auferstanden, aber auch Thomas' Zweifel sind nicht so groß, wie er selbst zuvor geglaubt hat: Er muss nicht mehr die Hand in die Wunde von Jesus legen, um zum „gläubigen Thomas" zu werden. Die Einsicht kommt in dem Moment, als er Jesus vor sich sieht.

> *Thomas antwortete:*
> *»Mein Herr und mein Gott!«.*
> —— *Johannes 20,28* ——

Einsicht ★★

BEWERTUNG

Hand aufs Herz: Wer hätte seinen Freunden diese Geschichte abgekauft? Mag sein, dass es wirklich gute Freunde waren, mit denen Thomas viel erlebt hat, aber nach dem Tod von Jesus waren sie auch traumatisiert und vielleicht wirklich nicht ganz zurechnungsfähig. Jesus soll einfach so aufgetaucht sein? Auferstanden von den Toten? Andererseits: Hatte Jesus nicht genau das vorausgesagt, und hatte nicht auch Thomas in ihrer gemeinsamen Zeit schon viele Dinge erlebt, die eigentlich unmöglich waren?

Henoch

> **PLÖTZLICH VERSCHWINDEST DU VOM ERDBODEN. DAS GIBT RAUM FÜR SPEKULATIONEN. WIE VERSCHWINDET MAN, OHNE WIRKLICH ZU STERBEN?**

Viel wissen wir nicht über das Leben und geheimnisvolle Verschwinden von Henoch, der uns in ganzen vier Versen im Alten Testament begegnet. Seine Lebenszeit war erfüllt, seine Beziehung zu Gott vertraut. Und diese enge Beziehung beschert ihm ein Ende ohne ein Ende: Henoch stirbt nicht, sondern wird von Gott der Erde entnommen und in die himmlische Welt aufgenommen. Wir finden nur wenige Hinweise, wie Henochs Beziehung zu Gott ausgesehen hat, damit Gott ihm diese Gunst erweist. Macht ihn diese zu einem Helden? Irgendwie schon, denn für uns ist er ein Vorbild der Erkenntnis. Er wusste, wie man mit Gott lebt, wir sind auf der Suche.

Henoch wurde 365 Jahre alt. Nachdem er in enger Beziehung zu Gott gelebt hatte, war er plötzlich nicht mehr da. Denn Gott hatte ihn von der Erde weggenommen.

— *1. Mose / Genesis 5,23–24* —

Erkenntnis ★★★★★

BEWERTUNG

Henoch ist, neben Elia, die einzige Person im Alten Testament, die von Gott in den Himmel genommen wird, ohne dass von seinem Tod berichtet wird. Was ist das Besondere an den beiden und ihrem Leben, dass ihr irdisches Leben so endet?

Rahab

**DU SIEHST ES KOMMEN –
UND HANDELST GEISTESGEGENWÄRTIG,
UM DICH UND DEINE FAMILIE ZU RETTEN.**

Rahab ist eine schillernde Figur, die man für ihren Mut, ihre Voraussicht, ihre Klugheit und ihren Glauben bewundern kann. Oder die man – je nach Perspektive – auch als Verräterin, Lügnerin und Kollaborateurin bezeichnen kann. Rahab lebt in Jericho und verdient als Prostituierte ihren Lebensunterhalt. Sie versteckt zwei israelitische Spione, die von Josua ausgeschickt werden, um sich im Land Kanaan umzuschauen. Es ist das Land, das Gott den Israeliten versprochen hat und das Josua einnehmen will. Rahab weiß das. Und sie weiß auch, dass sie und ihre Familie den Angriff der Israeliten nur überleben, wenn sie jetzt handelt. Deshalb schließt sie mit den Spionen einen Deal – Leben gegen Leben. Und am Ende geht die Rechnung auf. Die Israeliten machen Jericho dem Erdboden gleich. Doch Rahab und ihre Familie werden verschont. Und ein rotes Seil spielt dabei eine entscheidende Rolle

So schwört mir nun beim HERRN,
dass ihr meiner Familie
die Treue haltet. Denn ich habe
euch ja meine Treue erwiesen.

—— *Josua 2,12* ——

Voraussicht ★★★★

Rahab hat einen erbarmungslos klaren Blick. Mit fast prophetischer Gabe sieht sie, was in der Zukunft auf sie und ihre Stadt zukommen wird: Angriff und Zerstörung. Sie sieht auch, wie sie den Schaden für sich und ihre Familie abwenden kann. Doch was ist mit den anderen Menschen in der Stadt? Verrät Rahab sie nicht, um ihre eigene Haut zu retten?

Mose

5. MOSE /
DEUTERONOMIUM 34,9–12

**DU SIEHST
DIE GROSSE
VERANTWORTUNG,
ABER FÜHLST DICH
WINZIG KLEIN.**

Es ist ein unglaublicher Auftrag, den Mose da in der Wüste erhält: Ein ganzes Volk soll er aus der Sklaverei führen in ein Land, in dem „Milch und Honig fließen". Was für eine Aufgabe! Kaum eine andere Figur in der Bibel wird so facettenreich in ihrer Führungsrolle geschildert wie Mose: sein Aufstieg voller Selbstzweifel und Rückschläge, sein Verhandlungsgeschick, sein Durchsetzungsvermögen, aber auch seine Überforderung und sein Scheitern, etwa wenn sich die Israeliten nach überstandener Flucht von ihm abwenden und ein goldenes Götzenbild bauen. Doch von Beginn an wird auch deutlich: Die Stärke seiner Führung liegt im Vertrauen auf jene göttliche Macht, die sich ihm in der Wüste offenbart: „Ich werde sein, der ich sein werde." Es ist dieser Gott, in dessen Namen er die Menschen führt und unter dessen Führung er das Unglaubliche vollbringt.

Mose hatte die Israeliten mit starker Hand geführt und vor ihren Augen unglaubliche Taten vollbracht.

—— *5. Mose / Deuteronomium 34,12* ——

Führung ★★★★★

BEWERTUNG

Mit all seinen Stärken und Schwächen, Erfolgen und Niederlagen könnte man Mose ein ganzes Buch zum Thema „Führung" widmen. Doch was treibt ihn eigentlich an? Ist er am Ende doch mehr Diener als Führungskraft?

David

1. SAMUEL 17,41–50

STELL DIR VOR, DU STEHST IN EINEM ZWEIKAMPF EINEM ÜBERMÄCHTIGEN GEGNER GEGENÜBER. WAS IST DEINE STRATEGIE?

In der biblischen Erzählung steht auf der einen Seite der Gigant Goliat, ein schwer bewaffneter und im Nahkampf bestens trainierter Krieger. Und auf der anderen Seite der Hirtenjunge David, ein cleverer Knirps mit einem unerschütterlichen Gottvertrauen. Man muss beinahe Mitleid mit Goliat haben. Denn was auf den ersten Blick aussieht wie eine klare Sache, entpuppt sich bei näherem Hinsehen als ein gut durchdachter Überraschungscoup zugunsten des vermeintlich Schwächeren. David hat alle Vorteile auf seiner Seite. Leichtfüßig, beweglich und bestens

trainiert mit der Distanzwaffe Steinschleuder über-
rascht er den auf einen Nahkampf eingestellten
schwerfälligen Gegner Goliat. Bevor der begreift, was
Sache ist, schlägt es bei ihm ein, und der von allen
erwartete Kampf ist vorbei, bevor er beginnt.
Cleverness und Gottvertrauen bringen den Sieg,
nicht großmäulige Töne und viele Muskeln.

Nur mit Schleuder und Stein
war David stärker als der Philister.
Er besiegte den Philister und
tötete ihn. Ein Schwert hatte David
nicht gebraucht.
— *1. Samuel 17,50* —

 **★★★★**

BEWERTUNG

Ganz schön clever! Mal ehrlich: Hätte David
bei all seiner Cleverness Gottes Beistand überhaupt
gebraucht? Für was war sein Gottvertrauen gut?

Josef, der Träumer

VON GANZ UNTEN ARBEITEST DU DICH IMMER WIEDER HOCH. DIE LEUTE ERKENNEN SCHNELL DEINE FÄHIGKEITEN UND GEBEN DIR VIEL VERANTWORTUNG.

Josef startet gut ins Leben. Er ist der Lieblingssohn seines Vaters. Aber seine Brüder verkaufen ihn aus Neid und Missgunst als Sklaven. Doch Josef bleibt nicht irgendein Sklave, sondern wird Hausverwalter bei einem der höchsten Beamten in Ägypten. Aber diese Karriere endet abrupt, als er wegen einer Intrige ins Gefängnis geworfen wird. Doch selbst unter diesen widrigen Umständen werden

Josef wichtige Aufgaben übertragen. Der Gefängnis-aufseher ernennt ihn zu seinem Assistenten. Nach einigen Jahren kommt Josef wieder frei, weil Gott ihm die Bedeutung der Träume des Pharaos offenbart. Daraufhin erhält Josef den Job seines Lebens. Er wird Stellvertreter des Pharaos und managt die Vorbereitungen auf eine große Hungersnot. Seine Pläne retten am Ende nicht nur die Versorgung der ägyptischen Bevölkerung, sondern auch die aller anderen Länder.

Der Aufseher ließ
Josef in allem freie Hand,
weil der Herr mit ihm war.
Was Josef auch tat,
ließ der Herr ihm gelingen.
— *1. Mose / Genesis 39,23* —

Management ★★★★★

BEWERTUNG

Die Karriere von Josef klingt wie eine „vom Teller-wäscher zum Millionär"-Geschichte, nur dass Josef diese Karriere mehrmals durchlebt hat. So etwas kann man selten beobachten. Doch das Gelingen von Josefs Arbeit lag nie nur an seiner Performance. Die Bibel zeigt, dass es Gott war, der ihn zum Erfolg geführt hat. Wie wichtig ist das Zutun Gottes für den Erfolg der eigenen Arbeit?

Johannes, Jünger von Jesus

STELL DIR VOR, DU WIRST VERHAFTET, WEIL DU DEINEN GLAUBEN BEKENNST. JETZT STEHST DU VOR DEM RICHTER, DER DICH AUFGRUND DEINES GLAUBENSZEUGNISSES VERURTEILEN KANN.

Das Pfingstwunder ist noch nicht lange her, da vollbringen die mit dem Heiligen Geist erfüllten Anhängerinnen und Anhänger von Jesus wunderbare Dinge in Jerusalem. So heilen beispielsweise Johannes und Petrus einen gelähmten Mann und predigen vollmächtig die Botschaft vom auferstandenen Christus. Das ruft die religiöse Obrigkeit auf den Plan. Nach einer Nacht im Arrest kommt es zur Verhandlung. Doch die Fakten lassen sich nicht leugnen: Der ehemals Gelähmte steht neben Johannes und Petrus und belegt leibhaftig das Bekenntnis. Unerschrocken legen Johannes und Petrus Zeugnis ab. Aber damit nicht genug. Dem richterlich angeordneten Schweigegebot folgt die Verweigerung: „Ist es vor Gott recht, euch mehr zu gehorchen als ihm? Wir können doch nicht verschweigen, was wir gehört und gesehen haben." Diese Unerschrockenheit verwundert sogar das Gericht.

Die Ratsältesten wunderten sich, wie unerschrocken Petrus und Johannes auftraten. Dabei waren sie doch keine Gelehrten, sondern einfache Leute.

—— *Apostelgeschichte 4,13* ——

Stell dir vor, du tust Gutes und musst dich dafür rechtfertigen. Nicht gerade fair. Wie gut, dann Rückenwind zu haben und unerschrocken seine „Quelle" preisgeben zu können. Doch warum ist Bekenntnis oft mit Rechtfertigung verbunden?

Schifra und Pua

2. MOSE / EXODUS 1,15–22

IHR WIDERSETZT EUCH DEM BEFEHL DES MÄCHTIGEN PHARAOS UND RETTET LEBEN.

Die beiden israelitischen Hebammen Schifra und Pua beweisen Entschlossenheit, Gehorsam, aber zugleich auch Schlagfertigkeit, indem sie den Plan des ägyptischen Königs durchkreuzen. Ihr Auftrag war klar: Sie sollten alle Jungen aus dem Volk der Israeliten bei der Geburt töten und nur die Mädchen am Leben lassen. So hatte es der Pharao befohlen. Das Volk der Israeliten, das seit Jahrhunderten in seinem Land Gastrecht genoss, war zahlreich und mächtig geworden. Also hatte er den grausamen Befehl gegeben. Schifra und Pua wussten, dass eine

Weigerung ihr eigenes Leben kosten könnte. Und doch widersetzen sie sich. Sie waren Gott gehorsam. Schlagfertig treten sie dem Pharao entgegen und werden für ihren Mut von Gott beschützt und belohnt.

Aber die Hebammen waren Gott gehorsam. Deswegen taten sie nicht, was der ägyptische König befohlen hatte. Sie ließen die Jungen am Leben.

— *2. Mose / Exodus 1,17* —

Entschlossenheit ★★★★★

BEWERTUNG

Ziemlich riskant, sich einem Herrscher zu widersetzen. Und das als einfache Hebamme. Doch Schifra und Pua vertrauen Gott und sind dabei auch noch schlagfertig, als sie sich rechtfertigen müssen. Hättest du so viel Mut?

Stephanus

APOSTELGESCHICHTE 7,51–60
(APOSTELGESCHICHTE 6,1–8,3

> **DU STEHST FÜR DEINEN
> GLAUBEN EIN. AUCH WENN ES DICH
> DEIN LEBEN KOSTET.**

Schauerlich ist diese Szene, von archaischer Gewalt: Der gesamte jüdische Rat lyncht einen Mann, der nichts anderes getan hat, als für seinen Glauben einzustehen. Zugegeben, er hat vor seinen Anklägern kein Blatt vor den Mund genommen. Aber ist das ein Grund, ihn nicht nur mund-, sondern gleich mausetot zu machen? Stephanus stirbt im Steinhagel, langsam und qualvoll. Auch wenn er vor seinem gewaltsamen Tod den Himmel offen sieht und für seine Mörder betet, ist die Szene von einem Hass getränkt, der erschaudern lässt. Stephanus ist als erster christlicher Märtyrer in die Geschichte eingegangen. Im Laufe der Jahrhunderte sind viele andere Christinnen und Christen seinem schweren Weg gefolgt – um ihres Glaubens willen, der ihnen wertvoller war als das eigene Leben. Stephanus' Schicksal erinnert uns daran, welche Kraft von einem tiefen Glauben ausgeht. Und daran, dass in manchen Ländern auch heute noch Christinnen und Christen wegen ihres Glaubens verfolgt, bedroht und getötet werden. Ihr Glaubenszeugnis ist ein besonders beeindruckendes.

*Während sie ihn steinigten,
rief Stephanus zum Herrn: »Herr Jesus,
nimm meinen Geist bei dir auf!«*
—— *Apostelgeschichte 7,59* ——

Standhaftigkeit ★★★★★

BEWERTUNG

Sein Leben für etwas zu geben, einen Glauben, eine Idee, eine Überzeugung – wie findest du das? Welche Männer und Frauen fallen dir dazu ein? Gibt es in deinem Leben etwas, zu dem du immer und unter allen Umständen stehen würdest?

Michal

AUFGEFLOGEN! JETZT HILFT NUR NOCH EINE GUTE NOTLÜGE.

Dabei war die Idee mit der Statue und den Ziegenhaaren wirklich clever! Nachdem Michal von dem geplanten Mordanschlag auf ihren Mann David erfahren hatte, warnte sie ihn und verhalf ihm zur Flucht. Ausgerechnet ihr Vater Saul hatte es auf sein Leben abgesehen. Dass sich die Soldaten nicht lange von der Figur im Bett täuschen lassen würden, wird der Königstochter klar gewesen sein. Aber das Manöver verschaffte David wertvolle

Zeit. Von Saul zur Rede gestellt, behilft sich Michal nun mit einer Lüge: David habe gedroht, sie zu töten, und seine Flucht erzwungen. Auch dieses Mal gelingt ihr die List, der Vater kauft ihr die Geschichte ab. Die Notlüge wird für Michal im Nachgang auch keine negativen Konsequenzen haben. Die Rettung eines Unschuldigen wiegt stärker und macht die einfallsreiche Ehefrau zur Heldin.

Daraufhin nahm Michal die Figur einer Schutzgottheit und legte sie in das Bett. Um den Kopf der Götterfigur legte sie Ziegenhaare, den Rest verbarg sie unter einer Bettdecke.

— 1. Samuel 19,13 —

 ★★★★

BEWERTUNG

„Und, wie findest du meine neue Frisur?" Manchmal ist die kleine Lüge schneller ausgesprochen, als wir nachdenken können, ganz in dem Glauben, dass sie uns das Leben für einen kurzen Moment leichter macht. Für Michal steht dagegen alles auf dem Spiel: Fliegt sie auf, ist ihr Leben verwirkt. Hättest du eine bessere Story parat gehabt?

Rut

**DU VERLÄSST DEINE HEIMAT,
UM FÜR EINEN MENSCHEN ZU SORGEN,
DER DIR GANZ WICHTIG IST.**

Rut hätte es sich einfacher machen können.
Aber nachdem sie ihren Mann verloren hat,
sucht sie sich nicht einen Neuen. Nein, sie geht
mit ihrer Schwiegermutter in deren Heimat-
land. Dort haben beide nichts. Um das
Überleben zu sichern, geht Rut auf einem Feld Ähren
lesen. Sie sammelt das auf, was nach der Ernte liegen
geblieben ist. Eine anstrengende und schweißtreiben-
de Arbeit. Aber Rut ist sich dafür nicht zu schade.
Sie sorgt sich um ihre Schwiegermutter und macht
alles für sie. Die beiden Frauen haben ein besonderes
Verhältnis zueinander. Vielleicht hat sie der Schmerz
über den Verlust ihrer Ehemänner zusammenge-

schweißt. Doch für einen anderen Menschen alles aufzugeben, ist und bleibt eine außergewöhnliche Tat, damals wie heute. Rut ist eine fürsorgliche Heldin.

Aber Rut antwortete:
»Schick mich nicht fort! Ich will
dich nicht im Stich lassen.
Ja, wohin du gehst, dahin gehe auch
ich. Und wo du bleibst,
da bleibe auch ich. Dein Volk
ist mein Volk, und dein Gott
ist mein Gott!«
— *Rut 1,16* —

Fürsorge ★★★★★

BEWERTUNG

Die Hingabe, mit der Rut für ihre Schwiegermutter sorgt, ist außergewöhnlich. Wären wir für einen anderen Menschen bereit, in ein fremdes Land zu ziehen mit der Aussicht, Pfandflaschen zu sammeln, um zu überleben?

Noomi

RUT 1,1–14

NEUE STADT, NEUE MENSCHEN, NEUE PLÄNE. DAS NÄCHSTE KAPITEL IN DEINEM LEBEN BEGINNT.

Doch für Noomi ist es kein Kapitel, das sie mit Freude aufschlägt. Ihr Neustart ist nicht selbstgewählt. Ihr Mann, mit dem sie in ein anderes Land gezogen war, ist gestorben und dann auch ihre beiden Söhne. Noch mehr als die Trauer, zwingt sie die Not zum Neubeginn. Als Frau ohne Mann und Erben fehlt ihr in der Fremde die Existenzgrundlage. Allenfalls ihre Schwiegertöchter könnten für sie sorgen, vorausgesetzt, dass diese wieder heiraten. Noomi entscheidet sich, in ihre alte Heimat zurückzukehren, nach Bethlehem. Sie entbindet die Frauen der Pflicht, für sie zu sorgen. Vielleicht will sie ihnen den Neuanfang in der Fremde nicht zumuten, vielleicht will sie die beiden vor ihrem eigenen Schicksal bewahren. In jedem Fall ist ihr das Glück der jungen Frauen wichtiger als ihre eigene Sicherheit. Am Ende wird diese Selbstlosigkeit belohnt werden. Ihre Schwiegertochter Rut wird zu ihr halten und mit ihr gehen, einer glücklichen und segensreichen Zukunft entgegen.

Aber Rut blieb bei Noomi.

—— Rut 1,14 ——

Selbstlosigkeit ★★★★★

BEWERTUNG

Ein Neuanfang kann hart sein, vor allem, wenn er nicht freiwillig geschieht. Millionen geflüchtete Menschen machen diese Erfahrung, und auch die Bibel berichtet davon. Noomi muss in vorgerücktem Alter ihre Heimat verlassen. Zum zweiten Mal. Dabei ist sie zunächst fest entschlossen, dieses Schicksal allein zu tragen.

Noah

1. MOSE / GENESIS 6,9–22

DU SCHWIMMST
GEGEN DEN STROM,
DENN DU KENNST
DEINEN AUFTRAG
UND BLEIBST
IHM TREU.

Noah hielt sich in schwierigen Zeiten an die Vorgaben Gottes. Die Bibel beschreibt die Zeit, in der Noah lebte, als eine, in der alle Lebewesen sich dem Bösen zugewandt hatten. Doch Noah bleibt gerecht und bekommt deshalb einen besonderen Auftrag. Er baut ein riesiges Schiff, allein weil Gott es ihm sagte. Noahs Arche wird zur Rettung für seine Familie und viele Tiere, denn Gott lässt eine Sintflut kommen, die alles zerstört. Wir wissen nicht, wie sich Noah gefühlt hat, als er die Arche baute, und was seine Zeitgenossen über ihn sagten. Es war sicher nicht leicht, ein so großes Projekt wie den Bau eines Schiffes umzusetzen, wenn das Wasser dafür noch nicht sichtbar war. Aber Noah kannte seinen Auftrag und hat ihn gewissenhaft ausgeführt. Am Ende hat ihn das gerettet.

Noah machte alles so,
wie Gott es ihm befohlen hatte.
Genauso machte er es.

— *1. Mose / Genesis 6,22* —

Gehorsam ★★★★★

Gehorsam und gerecht: zwei Tugenden, die Noah zugeschrieben werden. Dabei tun wir uns mit dem Gehorsam heute oft schwer. Das klingt eher nach artigen Kindern. Für Erwachsene schwingen da „obrigkeitshörig" und „nicht selber denken wollen" mit. Doch stimmt die Beschreibung Noahs als gerecht und gehorsam überhaupt? Oder gilt er nur aus dem Grund als gerecht, weil er auch gehorsam war? Oder ist es vielleicht umgekehrt?

Junge, den fünf Brote und zwei Fische hergibt

DU GIBST ALLES, WAS DU HAST, UND LÄSST DAMIT WUNDER GESCHEHEN.

Diese Großzügigkeit erleben Jesus und seine Jünger, als sie vor der Herausforderung stehen, fünftausend Menschen satt zu machen. Ob das kleine Kind, dessen fünf Gerstenbrote und zwei Fische zur Speisung der Fünftausend verholfen haben, sich dessen bewusst gewesen ist, dass seine Gabe eine große Wirkung haben wird, erfahren wir nicht. Wir erfahren auch nichts darüber, welches Opfer das Kind womöglich geleistet hat. Vielleicht musste es damit seine gesamte Familie versorgen, war vielleicht selbst geschickt worden, um das Essen zu holen. Warteten nun die Eltern vergeblich? Und was mögen sie gesagt haben, als ihr Sohn nun ohne das Essen zurückgekommen ist? Würden sie seiner Geschichte Glauben schenken, die von der eigenen Freigiebigkeit erzählt und der Ausgangspunkt für ein Wunder war?

»Hier ist ein kleines Kind. Es hat
fünf Gerstenbrote und zwei Fische.
Aber was ist das schon für
so viele Menschen?«

—— *Johannes 6,9* ——

Großzügigkeit ★★★★★

Die Einkaufsliste steht, du hast sie dabei und erfolgreich alles besorgen können. Das Geld der Familie hast du dafür ausgegeben. Und dann kommt ein Mann, der nach einem Weg sucht, viele Menschen satt zu machen, aber selbst nichts hat. Würdest du dein Essen teilen oder gar ganz abgeben, damit anderen geholfen werden kann?

Abraham

DU BIST ALT. SEHR ALT.
DEINE HOFFNUNG AUF KINDER
IST SCHON DAHIN.
DA BEKOMMST DU EIN
UNGLAUBLICHES VERSPRECHEN.

Abraham war auf Nachwuchs angewiesen. Kinder sicherten den Fortbestand der Familie. Doch sowohl er als auch seine Frau Sara haben bereits ein hohes Alter erreicht. Der Kinderwunsch scheint hoffnungslos. Da passiert es eines Nachts: Gott spricht zu Abraham. Er gibt ihm das Versprechen, dass er Vater werden wird. Abraham wird nicht nur einen leiblichen Sohn haben, sondern er wird so viele Nachkommen haben, wie es Sterne am Himmel gibt. Was für eine unglaub-

liche Verheißung! Abraham tut diese Nachricht nicht
ab, sondern nimmt sie an. Er glaubt dem Versprechen
Gottes. Auch wenn es sich für ihn vermutlich unvor-
stellbar angefühlt haben muss.

Abram glaubte dem HERRN,
und das rechnete ihm
Gott als Gerechtigkeit an.

—— *1. Mose / Genesis 15,6* ——

Glauben ★★★★★

Abraham wird oft als Vorbild des Glaubens
benannt. Besonders Paulus bezieht sich dabei
immer wieder auf diese Geschichte. Die Bibel bietet
viele Versprechen, die auch uns heute gelten.
Welche Versprechen Gottes sind für dich besonders
wichtig?

Debora

**DU BIST EINE FRAU.
UND WIRST IN EINER MÄNNERWELT ALS
FÜHRUNGSKRAFT RESPEKTIERT.**

Richterin, Prophetin, Sängerin, militärische Anführerin – Debora ist eine ungewöhnliche Gestalt in der patriarchalisch dominierten Zeit des Alten Testaments. Die ihr traditionell zugewiesene Rolle – die der Ehefrau – wird nur am Rande erwähnt. Auch ihr Mann Lappidot bleibt völlig im Schatten seiner agilen Gattin. Die Powerfrau Debora ist eine von allen respektierte Autorität, die sagt, wo es langgeht. Doch ihre Führungsstärke kommt nicht aus ihr selbst. Sie bezieht ihre Autorität aus dem direkten Draht zu Gott, dessen Botschaften sie dem Volk Israel verkündigt. Neben Debora wirken die beteiligten Männer wie kleine Kinder. Der israelitische Heerführer Barak traut sich den Krieg ohne sie nicht zu: „Ich gehe nur, wenn du mitkommst!" Die ganze Episode wirft kein gutes Licht auf die Männerwelt. Alle Ehre gebührt den Damen. So ist es am Ende auch eine Frau, Jael, die den feindlichen Heerführer im Schlaf tötet und so den Sieg für Israel herbeiführt. Führungsstärke und mutige Entschlossenheit sind eben keine Frage des Geschlechts!

Debora war eine Prophetin,
die mit Lappidot verheiratet war.
Sie herrschte damals
als Richterin über Israel.
— *Richter 4,4* —

Führungsstärke ★★★★★

BEWERTUNG

Debora ist unter den Richtergestalten im Alten Testament die einzige Frau. Starke Frauen sind in der Bibel eher die Ausnahme – und doch gibt es sie. Fallen dir noch andere ein, die besonders hervorgehoben werden?

Hiob

NACHDEM DU ALLES VERLOREN HAST, STEHST DU VOR DEN SCHERBEN DEINES LEBENS. NICHTS MACHT MEHR SINN UND DU STELLST ALLES INFRAGE.

Hiob hatte ein gutes Leben. Doch dann wird ihm alles genommen. Sein Reichtum, seine Kinder, seine Gesundheit. Voller Schmerz sitzt er draußen vor der Stadt auf einem Aschehaufen. Drei Freunde besuchen ihn und reden auf ihn ein. Sie stellen seinen Lebenswandel infrage. Hat er vielleicht etwas falsch gemacht, für das er bestraft wird? Doch Hiob findet keinen Fehler bei sich. Darum stellt er die Logik infrage.

Wie kann es sein, dass ihm als rechtschaffendem Menschen solch furchtbare Dinge passieren? Die Frage tut weh, denn sie stellt sein Weltbild und damit auch den guten Gott infrage. Die Antwort Gottes am Ende des Hiobbuches bleibt eine Erklärung für das Leid schuldig. Sie zeigt eher, dass es in Ordnung ist, Gott auch infrage zu stellen. Gott lässt sich davon nicht aufhalten. Er bleibt an Hiobs Seite und beschenkt ihn wieder neu.

Der Allmächtige soll mir nun Antwort geben.
— *Hiob 31,35* —

 Fragen stellen ★★★

BEWERTUNG

Hiobs Geschichte zeigt: Man muss nicht scheuen, Gott in Angesicht von Not, Leid und Trauer anzuklagen und infrage zu stellen. Viele Fragen würden wir auch heute gerne Gott an den Kopf werfen. Manche vielleicht mehr, um unserer Wut Luft zu machen, andere in der Hoffnung auf Antwort. Mit welcher Frage würdest du Gott konfrontieren wollen?

Schadrach, Meschach, Abed-Nego

DANIEL 3,24–30

STELL DIR VOR, ES WIRD EIN GESETZ ERLASSEN, DESSEN MISSACHTUNG DIE TODESSTRAFE ZUR FOLGE HAT. WAS TUST DU, WENN DIE BEFOLGUNG DES GESETZES DEINER ÜBERZEUGUNG GRUNDLEGEND WIDERSPRICHT?

Die Situation für die drei jungen Männer Schadrach, Meschach und Abed-Nego ist lebensgefährlich. Nebukadnezzar, der mächtige Herrscher Babyloniens, hat nämlich das Gesetz erlassen, dass nur er angebetet werden soll. Bei Missachtung droht der Feuertod. Nur steht dieses Gesetz dem Gebot Gottes entgegen, niemand anderen als Gott anzubeten. Und die drei jungen Männer, mit jüdischem Namen Hananja, Mischal und Asarja, stammen aus dem Volk Israel und waren bei der kriegerischen Auseinandersetzung mit den Truppen Babyloniens in Gefangenschaft geraten. Nun stehen sie vor dem schlimmsten möglichen Dilemma: Gott gehorchen und sterben oder Nebukadnezzar gehorchen und Gott verleugnen. Ihre Treue zu Gott und ihr Ungehorsam Nebukadnezzars Gesetz gegenüber wird schließlich belohnt: Ein Engel rettet sie im Feuerofen, und Nebukadnezzar erkennt, wer wahrhaftig Gott ist.

Denn es gibt keinen anderen
Gott als den, der
auf solche Weise retten kann.
— *Daniel 3,29* —

Ungehorsam ★★★★★

BEWERTUNG

Wie weit geht der Gehorsam der staatlichen Obrigkeit gegenüber? Ab wann zählen gesunder Menschenverstand, Gewissen und Gottesglaube mehr als alle Anordnungen irdischer Obrigkeiten? Was ist legitim und was nicht?

Paulus

STELL DIR VOR, DU SOLLST EINE WICHTIGE BOTSCHAFT ZU DEN MENSCHEN BRINGEN, UND DIES UNTER SCHWIERIGSTEN UMSTÄNDEN: FREMDE KULTUR, FREMDE STADT UND BEREITS EINE ÜBERSÄTTIGUNG MIT DEM, WAS DU ALS BOTSCHAFT VERKÜNDEN WILLST.

In einer solchen Situation findet sich der Apostel Paulus wieder. In Athen, mitten im Epizentrum der griechischen Philosophie, des griechischen Götterglaubens und der griechischen Kultur, will er vom auferstandenen Christus erzählen. Ein aussichtsloses Unterfangen? Nicht für Paulus. Umsichtig knüpft er an das Vorfindliche an: einen Altar für einen unbekannten Gott. Den hatten die Athener für den Fall aufgestellt, dass sie bei all den anderen Gottheiten eine übersehen könnten. Und dort verehrten sie ihn bereits, den unbekannten Gott. Geschickt macht Paulus aus der Not eine Tugend und füllt die Leerstelle. Den unbekannten Gott, so Paulus, könne er den Athenerinnen und Athenern nun endlich vorstellen: den Schöpfergott, von dem jedes Leben kommt und der dem Leben eine gute Ordnung gegeben hat. Im aufgeklärten Athen ruft die Botschaft ein geteiltes Echo hervor.

> *Das, was ihr da verehrt,*
> *ohne zu kennen, das verkünde*
> *ich euch.*
> — *Apostelgeschichte 17,23* —

Kommunikationsgeschick ★★★★★

BEWERTUNG

Die Ausgangssituation mutet postmodern an. Zwar mag man darüber streiten, ob es heutzutage eine Übersättigung an göttlichen Adressaten des Glaubens gibt, einen Mangel an Bedarf aber gibt es allemal. Wie lässt es sich anstellen, dass die Botschaft vom biblischen Gott Gehör findet?

Simson

**ALLES AN DIR STROTZT VOR KRAFT.
NUR DEIN HERZ IST SCHWACH.**

Simson erinnert ein wenig an einen der vielen Action-Helden aus Hollywood. Wo er auftaucht, fliegen die Fetzen. Mit bloßen Händen zerreißt er einen Löwen, allein mit dem Kieferknochen eines Esels erschlägt er 1000 Mann – eine originelle, aber offenbar effektive Waffe. Doch wie brutal er auch auftreten mag, Simson zählt zu den Guten. Er ist von Gott auserwählt, um gegen die Philister zu kämpfen, die die Israeliten schon seit 40 Jahren unterdrücken. Und die Philister merken schnell: Mit diesem Kraftprotz muss man auf andere Weise fertig werden als im Kampf. Denn wie die meisten Helden hat auch Simson eine Achillesverse, eine schwache Stelle: die Frauen. Insbesondere die ebenso schöne wie hinterlistige Delila. Ihr Verrat ist sein Untergang. Simsons weiteres Schicksal ist mehr als bitter. Warum muss er ihr auch das Geheimnis seiner Stärke verraten? Körperliche Kraft ist ja schön und gut. Aber hin und wieder ein bisschen Köpfchen schadet auch nicht.

Da vertraute er ihr sein Geheimnis an und sagte: »Mir wurden noch nie die Haare geschnitten. Denn ich bin seit meiner Geburt Gott geweiht. Wenn mir die Haare geschnitten werden, verlässt mich meine Kraft und ich werde schwach. Dann bin ich nur noch wie alle anderen Menschen.

— *Richter 16,17* —

 ★★★

BEWERTUNG

Körperliche Stärke gehört zum Bild des klassischen Helden. Doch für uns heute haben Heldinnen und Helden oft andere Eigenschaften. Fallen dir Menschen ein, die du als Heldinnen und Helden bezeichnen würdest? Was zeichnet sie aus? Was sind ihre Stärken?

Jakob

1. MOSE / GENESIS 32,23–33

DEIN LEBEN VERLIEF BISLANG ALLES
ANDERE ALS GRADLINIG:
JETZT WILLST DU REINEN TISCH MACHEN.
DOCH VORHER STEHST DU
UNERWARTET VOR DEINER LETZTEN PRÜFUNG
UND RINGST MIT GOTT.

So erging es Jakob. Als jüngerer Sohn von Isaak und Rebekka ist er der Zweitgeborene nach seinem Zwillingsbruder Esau. Und doch werden ihm der Erstgeburtssegen zugesprochen und die Weichen für seine Bestimmung gestellt. Damit aus dem Flegel tatsächlich ein Erzvater wird, muss er sich beweisen. Am Jabbok ringt Jakob mit einem Unbekannten bis zum Morgengrauen, das die Wende markiert. Jakob verlangt, von seinem Gegner gesegnet zu werden. Doch dieser benennt ihn daraufhin von Jakob in Israel um und deutet den Namen als „Gotteskämpfer", denn er habe mit Gott und mit Menschen gekämpft und gesiegt. Ob der Fremde nun ein Mensch oder Gott selbst war, bleibt unbeantwortet. Sicher ist nur, dass sich Jakobs Familiengeschichte in eine Volksgeschichte wandelt, deren Ursprung in dieser Nacht liegt.

Jakob nannte den Ort Penuel,
das heißt: Angesicht Gottes.
Denn er sagte: »Ich habe Gott
von Angesicht zu Angesicht gesehen
und bin am Leben geblieben.«

—— *1. Mose / Genesis 32,31* ——

Querschlägen ★★★★

BEWERTUNG

Er streitet, er betrügt: Womit hat es Jakob verdient, „auserwählt" zu werden?

Gideon

DU HAST KEINEN PLAN, ABER WEISST, ES WIRD IRGENDWIE FUNKTIONIEREN.

Da gehört schon einiges an Mut dazu. Anstatt sein ganzes Heer aufzubieten, zieht Gideon mit einer Truppe von 300 Mann in den Kampf gegen die über-mächtigen Midianiter. So hat Gott es ihm befohlen und nennt dafür auch einen Grund: Die Israeliten sollen nicht glauben, dass sie den Sieg aus eigener Kraft erringen könnten. Gideon folgt der Anweisung. Blanker Irrsinn oder großer Mut? Liest man die ganze Geschichte, merkt man, Gideon geht kein Risiko ein. Er ist sich seiner Sache sicher. Was ihn leitet, ist ein tiefes, bedingungsloses Vertrauen in Gott. Das war nicht immer da. Am Anfang fordert Gideon von Gott mehrere Wunder, bis er auf ihn hört. Geduldig geht Gott darauf ein und Gideon wächst im Glauben und in seinem Vertrauen. Am Ende folgt einer der unglaublichsten Kämpfe, den die Bibel je gesehen hat. Gideon wusste, dass Gottes Plan funktioniert.

Da gab ihm der Herr den Auftrag:
»Geh los! Du hast die Kraft dazu!
Du wirst Israel aus der Gewalt
der Midianiter retten.
Ja, ich bin es, der dich schickt!«
— *Richter 6,14* —

 ★★★★

BEWERTUNG
Sicheres Auftreten trotz absoluter Ahnungslosigkeit – schon einmal probiert? Das kann überraschend gut gehen, aber auch ziemlich schnell peinlich werden. Der Plan von Gideon scheint einigermaßen verrückt, aber es ist Gottes Plan. Und Gideon vertraut auf ihn, auch wenn er keine Ahnung hat, wie er funktionieren soll.

Esau

DU VERZEIHST, WEIL
DICH KEINE ALTEN GESCHICHTEN
QUÄLEN UND DU OHNE
ALTLASTEN NEU ANFANGEN KANNST.

So ergeht es Esau, dessen Zwillingsbruder Jakob ihn betrogen hat. Nach langer Trennung begegnen sich die Brüder. Esau begrüßt Jakob überschwänglich. Er denkt nicht an Vergeltung an seinem Bruder, sondern will Versöhnung mit ihm. Er zeigt ihm deutlich, dass er ihm vergeben hat. Großmut und Barmherzigkeit charakterisieren ihn. Das macht ihn groß in dieser Geschichte. In seiner Bedeutung für die biblische Erzählung insgesamt bleibt er aber immer hinter seinem Bruder zurück, dessen Betrug nicht zurückgenommen wird. Und dennoch ist er im Reinen, mit sich und der Geschichte. Die Akzeptanz seiner Rolle und seine innere Zufriedenheit strahlen aus und lassen Versöhnung wirken.

Esau lief ihm entgegen,
umarmte ihn, fiel ihm um den Hals
und küsste ihn. Beide fingen
an zu weinen.

— *1. Mose / Genesis 33,4* —

Zufriedenheit ★★★★★

BEWERTUNG

Ist innere Zufriedenheit eine Superkraft? Ist Esau eine Figur, an der wir uns orientieren sollten? Es scheint eine Wahrheit darin zu liegen, nicht an alten Geschichten und ihren negativen Auswirkungen festzuhalten, sondern sich zu befreien, zu vergeben und inneren Frieden zu finden.

Mirjam

DEIN BRUDER SOLL GETÖTET WERDEN, OBWOHL ER NOCH EIN BABY IST. DOCH DANK DIR ÜBERLEBT ER.

Tag für Tag hat Mirjam ihrer Mutter geholfen, ihren neugeborenen Bruder Mose zu versorgen – drei Monate lang. Doch nun liegt das Baby hilflos in einem schwimmenden Kästchen im Schilf am Ufer des Nil. Denn als Sohn einer israelitischen Familie ist er dem Tod geweiht, den der tyrannische Pharao über alle israelitischen neugeborenen Jungen ausgesprochen hat. Doch Mose ist etwas Besonderes: Er ist der Retter, der einmal sein

Volk aus der Sklaverei in Ägypten befreien soll. Das ist Gottes Plan und in diesem Plan spielt Mirjam, Moses ältere Schwester, eine große Rolle. Denn zunächst muss Mose selbst gerettet werden! Auch später, bei der Lebensaufgabe ihres berühmten Bruders, ist Mirjam mit von der Partie. Sie wird neben Mose und Aaron ihr Volk beim Auszug aus Ägypten anführen. Doch das geschwisterliche Verhältnis ist nicht immer einfach: Als Mirjam sich im Erwachsenenalter gegen die Autorität ihres Bruders auflehnt, wird sie hart dafür bestraft. Nicht von Mose, sondern von Gott höchstpersönlich.

Seine Schwester blieb in der Nähe. Sie wollte wissen, was mit dem Kind geschah.

— *2. Mose / Exodus 2,4* —

Schwesterliebe ★★★★

BEWERTUNG

Das Verhältnis unter Geschwistern ist nicht immer einfach – die Bandbreite kann von ganz großer Liebe bis zu tiefem Hass reichen. Auch die Bibel erzählt immer wieder von Geschwistern und ihrem Verhältnis untereinander. Welche Erfahrungen hast du gemacht?

Juda

DIE SCHULD VON DAMALS LASTET SCHWER
AUF DIR. NACH VIELEN JAHREN HAST DU
NUN DIE CHANCE, ES BESSER ZU MACHEN. UND
DU BIST BEREIT, ALLES DAFÜR ZU TUN.

Als sie seinen Bruder Josef in die Falle lockten, stand Juda nur dabei. Wie die anderen hatte er die Bevorzugung des Lieblingssohnes satt. Nur einmal drängte Judas Gewissen ihn dazu, sich einzumischen. Als die Brüder in der Ferne eine Karawane sahen, schlug er vor, den Bruder nicht in der trockenen Zisterne sterben zu lassen, sondern ihn nach Ägypten zu verkaufen. Viele Jahre später ist Josef zum mächtigsten Mann neben dem Pharao aufgestiegen. Von einer Hungersnot heimgesucht, kommen seine Brüder zu ihm und bitten um Hilfe – ohne ihn jedoch zu erkennen. Um sie zu prüfen, lässt Josef einen goldenen Becher bei ihrem jüngsten Bruder Benjamin verstecken, bezichtigt ihn anschließend des Diebstahls und will ihn in Ägypten festsetzen. Doch dann geschieht das Unerwartete: Juda tritt als Bürge ein und liefert sich für Benjamin aus. Judas aufrichtige Reue zeigt sich nicht in großen Worten, sondern in der Tat.

»Darum lass doch bitte mich,
deinen Knecht, anstelle des Jungen
hierbleiben.«

— *1. Mose / Genesis 44,33* —

aus Fehlern lernen ★★★★

Ein Streit, eine Lüge oder eine verpasste Chance. Es gibt Situationen, die einem noch Jahre später nachgehen. Momente, von denen man denkt: ‚Ach, könnte ich doch die Zeit zurückdrehen, ich würde es heute besser machen!' Auch Juda, der Bruder von Josef, kann das Geschehene nicht ungeschehen machen, aber er bekommt eine zweite Chance.

71

Ester

STELL DIR VOR, DU LEBST SEIT JAHREN
MIT EINEM GEHEIMNIS.
UND DU STEHST VOR DER ENTSCHEIDUNG,
ES ZU LÜFTEN UND DEIN LEBEN
ZU RISKIEREN ODER ES ZU BEWAHREN
UND DAS ÜBERLEBEN DEINES VOLKES
AUFS SPIEL ZU SETZEN.

Die biblische Erzählung um die schöne Königin Ester mutet wie eine Episode aus dem Epos Game of Thrones an. Doch das gefährliche Ränkespiel zwischen Königin Ester, König Xerxes und dem königlichen Beamten Haman findet nicht in Westeros, sondern am persischen Königshof statt. Ohne Kenntnis von ihrer jüdischen Herkunft hatte Xerxes die junge Ester zu seiner Königin gemacht. Als durch den gerissenen

Haman Gefahr für alle Juden in der persischen Diaspora droht, handelt Ester besonnen und klug. Sie lüftet im geschickt eingefädelten Moment das bislang gut gehütete Geheimnis um ihre Herkunft und lässt dadurch Hamans bösartigen Plan scheitern. Der drohende Genozid wird abgewendet. Bis zum heutigen Tag erinnert das Purimfest an diese Errettung des jüdischen Volkes durch das besonnene Handeln von Königin Ester.

Denn man hat uns verkauft,
mich und mein Volk. Man will uns
ausrotten, töten, vernichten.

—— *Ester 7,4* ——

Besonnenheit ★ ★ ★ ★

Besonnen? Mutig? Oder riskant? Wie lässt sich das Handeln von Königin Ester am besten beschreiben?

BEWERTUNG

Jonatan

DEIN VATER BEDROHT DEINEN BESTEN FREUND. WAS TUST DU?

Jonatan hatte eine enge Freundschaft mit David. Doch als David befürchtet, er könnte ermordet werden, wird es brenzlig. Niemand anderes als Jonatans Vater, König Saul, sieht David als Konkurrenten. Sein Hass treibt ihn in die Planung von Davids Tod. David wittert die Gefahr und bittet Jonatan um Hilfe. Sie schmieden einen Plan, wie sie sich über Sauls Absichten sicher sein können. David will sich außerhalb der Stadt verstecken und nicht zum Fest von Saul erscheinen. Jonatan wird ihm Bescheid geben, wenn wer weiß, was die Absichten seines Vaters sind. Als Saul beim Festessen ausrastet, weil David nicht gekommen ist, gibt es keinen Zweifel mehr an der Bedrohung von Davids Leben. Jonatan geht vor die Stadt und warnt David über ein geheimes Zeichen, das sie vereinbart haben. Er bricht in diesem Moment mit der Loyalität zu seiner Familie. Aber er stellt sich auf die richtige Seite. Die Verbindung zur Familie, die nach Mord strebt, ist weniger wert als das Leben eines Menschen. Jonatan hält treu zu seinem Freund David.

Was wir aber miteinander verabredet haben, soll für immer zwischen mir und dir gelten. Dafür sei der Herr unser Zeuge.

—— *1. Samuel 20,23* ——

 **Treue** ★★★★

Die Entscheidung zwischen Familie und Freunden ist oft schwieriger, als sie in dieser Geschichte klingt. Die Konflikte gehen heute oft nicht um Leben und Tod. Dennoch fordert solche Treue einen hohen Preis und ist nicht einfach auszuhalten. Das Leben eines anderen Menschen zu schützen, ist diesen Bruch wert. Aber welche Dinge sind es noch wert, sich von der eigenen Familie zu distanzieren?

Hexe von En-Dor

1. SAMUEL 28,3–25

DEIN BERUF WURDE VERBOTEN. DOCH JETZT WERDEN DEINE DIENSTE VON DEM KÖNIG GEBRAUCHT, DER SIE VERBOTEN HAT.

Die Hexe von En-Dor erschrickt, als sie erkennt, dass es König Saul ist, der sich zu ihr geschlichen hat. Er ist so verzweifelt, dass er heimlich bei der Totenbeschwörerin Hilfe sucht, obwohl er den Beruf einst verboten hat. Er will wissen, wie die Schlacht gegen die Philister ausgeht. Er versichert der Totenbeschwörerin, dass er sie nicht bestrafen wird. Doch der tote Prophet Samuel überbringt schlechte Nachrichten. Saul wird die Schlacht und sein Leben verlieren. Dieser bricht daraufhin zusammen. Die Hexe von En-Dor lässt ihn nicht liegen. Sie hilft ihm wieder auf, backt Brot und schlachtet mitten in der Nacht ein Kalb. Nach dem Essen verschwindet Saul in der Nacht. Obwohl Saul die Frau einst arbeitslos gemacht hat, hat sie Mitleid mit ihm und sorgt für ihn. Sie lässt sich nicht von Vergangenem aufhalten, um in dieser Nacht die Hilfe zu leisten, die notwendig ist.

»Jetzt höre auch du auf deine Magd!
Ich will dir einen Bissen Brot
vorsetzen. Du musst essen, damit du
wieder zu Kräften kommst!
Dann kannst du dich auf den Rückweg
machen.«

— 1. Samuel 28,22 —

 ★ ★ ★ ★ ★

BEWERTUNG

Eine „Hexe", die sich durch Hilfsbereitschaft auszeichnet und daher zur „Heldin" der Geschichte wird? Das ist mehr als ungewöhnlich für eine biblische Geschichte. Was meinst du?

Elija

1. KÖNIGE 18, 20 – 40

DU TRITTST BEIM WETTSTREIT ALLEIN NICHT GEGEN FÜNF, ZEHN ODER 50 GEGNER AN, SONDERN GLEICH GEGEN 450. DANN HAST DU ENTWEDER GROSSES GOTTESVERTRAUEN ODER BIST GRÖSSENWAHNSINNIG.

Der Wettstreit in der biblischen Erzählung mutet uns heute seltsam an: Die Priester des Gottes Baal und Elija, der Prophet des Gottes Israels, fordern ihre Gottheiten zum Beweis ihrer Macht und damit ihrer Existenz auf. Zeugen dieses göttlichen Selbstbeweises auf dem Berg Karmel sind die Israeliten, die sich durch den Einfluss Königin Isebels vom Gott ihrer

Väter ab- und dem Götterkult Baals zugewandt hatten. Für den Propheten Elija geht es um viel: Erweist sich der Gott Israels nicht als lebendiger Gott, droht der Baalskult Oberhand zu gewinnen und die Identität der Israeliten als Gottesvolk zu überformen. Mit großem Gottvertrauen spricht Elija in seinem schlichten Gebet Gott als den Gott der Geschichte und der Identität des Volkes an. Der folgende Gottesbeweis ist eindeutig und nicht anzu-zweifeln: Der Gott Israels ist der wahre Gott.

HERR, Gott Abrahams,
Isaaks und Israels!
Heute sollen alle erkennen, dass
du Gott in Israel bist!
—— *1. Könige 18,36* ——

Gottvertrauen ★★★★★

BEWERTUNG

Gottesbeweis? Was wäre, wenn sich Gott heute in eindeutiger und nicht anzuzweifelnder Weise als existenter und lebendiger Gott beweisen würde? Wie würde dies unsere Welt verändern?

Salomo

1. KÖNIGE 3,4–9

> **DU KANNST DIR ALLE GÜTER DIESER WELT WÜNSCHEN. DOCH DU MÖCHTEST NICHTS ALS WEISHEIT.**

Wer träumt nicht manchmal von ihr, der guten Fee mit den drei Wünschen? Um sich dann genüsslich auszumalen, was wohl die drei Dinge wären, die man unbedingt braucht. Für viele wird es da schon schwierig mit der Auswahl – zu groß und vielfältig sind die Wünsche. Salomo, der Sohn Davids und König von Israel, kommt unerwartet in eine solche Situation. Gott erscheint ihm im Traum und kündigt ihm die Erfüllung aller seiner Wünsche an. Doch Salomo hat nur einen einzigen, und der ist ungewöhnlich. Keine

Reichtümer, kein langes Leben, kein Fluch über die Feinde – Salomo bittet um Weisheit und Einsicht, um ein guter Herrscher sein zu können. Und tatsächlich wird er von Gott reichlich damit ausgestattet. Reichtum und langes Leben gibt es noch obendrauf. Bis weit über Israel hinaus und auch durch die Geschichte hindurch strahlt Salomos Glanz. Bis heute reden wir von einem „Salomonischen Urteil". Wie gut würde dieser Wunsch nach Weisheit auch heute noch so manchem Herrscher anstehen!

Gib mir, deinem Knecht, ein hörendes Herz. Nur so kann ich dein Volk richten und zwischen Gut und Böse unterscheiden. Wie sonst könnte man Recht schaffen in deinem Volk, das doch so bedeutend ist?

—— *1. Könige 3,9* ——

Weisheit ★★★★★

BEWERTUNG

Wie sähe eine von Weisheit und Einsicht geleitete Herrschaft für dich heute aus? Was würdest du dir wünschen an Salomos Stelle?

Maria, die Mutter Jesu

LUKAS 1,26–56

VON JETZT AUF GLEICH SIND DEINE ZUKUNFTSPLÄNE DAHIN. DOCH DU WEISST, DASS ALLES GUT WERDEN WIRD.

Ihr eigenes Leben sollte gerade beginnen. Maria ist frisch verlobt mit Josef, einem Zimmermann. Eine gute Partie. Schritt für Schritt würden sie sich eine eigene Existenz aufbauen und schließlich eine Familie gründen können. Dann die Nachricht jenes Fremden aus dem Nichts: Du wirst schwanger werden und einen Sohn bekommen. Maria muss klar sein, was das für eine unverheiratete Frau bedeutet. Doch das ist noch nicht alles. Ihr Kind werde zu

Großem bestimmt sein und „Sohn des Höchsten"
genannt werden. Ist es die Hoffnung einer Verzweifel-
ten oder jugendliche Naivität, die Maria all das
glauben lässt? Oder erkennt sie in dem Fremden den
Boten Gottes und damit Gott selbst in dieser Nachricht? Maria jedenfalls zögert nicht. Sie nimmt die
Rolle an und stellt sich in den Dienst des Herrn. Dafür
wird sie belohnt: nicht mit Gold und Silber, wie man
es bei einer Königin erwarten würde, sondern mit
Freude, für die es keine Worte gibt.

> *»Alles in mir jubelt vor Freude*
> *über Gott, meinen Retter. Denn er*
> *wendet sich mir zu, obwohl ich*
> *nur seine unbedeutende Dienerin bin.«*
> — *Lukas 1,47.48* —

 Vertrauen ★★★★★

Es gibt Gespräche, nach denen alles anders ist.
Manchmal machen sie Zukunftspläne zunichte,
manchmal stellen sie grundlegende Gewissheiten
infrage. Wenn Gott solche Gespräche führt, reagie-
ren Menschen in der Bibel oft ganz unterschiedlich:
Manche laufen weg, andere ignorieren oder
leugnen, wieder andere fangen an zu diskutieren.
Bei Maria ist das anders.

Josef, den Vater Jesu

MATTHÄUS 1,18–25

**DEINE FRAU ERWARTET EIN KIND.
ES IST NICHT VON DIR.
DOCH DU STEHST IHR BEI.**

Das ist kurzgefasst die Geschichte von Josef aus Nazaret, Marias Mann. Ein Mann, der, so wird es uns im Bibeltext erzählt, nach Gottes Willen lebt. Als er von der Schwangerschaft seiner Verlobten erfährt, ist sein erster Impuls, sie heimlich zu verlassen. Er will sie nicht bloßstellen und wegen Ehebruchs anklagen. Daher fasst er den Plan, ohne großes Aufsehen eine Trennung herbeizuführen. Darauf erscheint ihm im Traum ein Engel, der ihm von der Bedeutung des Kindes erzählt. Es ist der

Retter, Gottes Sohn mit einer Mission. Josef soll
bleiben. Und Josef bleibt. Er übernimmt die Verantwortung, für sich, seine Verlobte und das Kind.
Er wird zum Namensgeber und zum Beschützer
seines Sohnes. Er wird zum Vater.

»Josef, du Nachkomme Davids,
fürchte dich nicht, Maria
als deine Frau zu dir zu nehmen.
Denn das Kind, das sie erwartet,
ist aus dem Heiligen Geist.«
— *Matthäus 1,20* —

Verantwortungsbewusstsein ★★★★★

BEWERTUNG

**Wie verstehst du Josefs erste Reaktion, Maria
zu verlassen? Und was denkst du über seine Stärke,
Verantwortung zu übernehmen?**

Sven Bigl hat evangelische Theologie und Allgemeine Rhetorik studiert. Bei der Deutschen Bibelgesellschaft leitet er die Abteilung Kommunikation und ist verantwortlich für Presse- und Öffentlichkeitsarbeit. Von ihm stammen die Texte Bartimäus, Thomas, Mose, Michal, Noomi, Gideon, Juda und Maria die Mutter Jesu.

Michael Jahnke ist studierter Pädagoge und hat viele Jahre in religionspädagogischen Handlungsfeldern gearbeitet. Bei der Deutschen Bibelgesellschaft ist er für das Bibelprogramm verantwortlich. Von ihm stammen die Texte Johannes der Täufer, Jesus, David, Johannes Jünger von Jesus, Schadrach Meschach Abed-Nego, Paulus, Ester und Elija.

Eva Mündlein hat evangelische Theologie studiert und eine Zusatzausbildung in Logotherapie absolviert. Bei der Deutschen Bibelgesellschaft ist sie seit 2011 als Redakteurin für das Magazin „Bibelreport" verantwortlich. Von ihr stammen die Texte Josef von Arimathäa, Rahab, Stephanus, Debora, Simson, Mirjam und Salomo.

Maximilian Naujoks ist Diakon und hat als Jugendreferent, Religionslehrer und Filmproduzent gearbeitet. Bei der Deutschen Bibelgesellschaft arbeitet er als Produktmanager an digitalen Projekten und Entwicklungen. Von ihm stammen die Texte Petrus, Josef, Noah, Rut, Abraham, Hiob, Jonatan und Hexe von En-Dor.

Franziska Schikora ist studierte Germanistin und Kunsthistorikerin. Bei der Deutschen Bibelgesellschaft ist sie als Redaktionsleiterin für Webseite und Social Media verantwortlich. Von ihr stammen die Texte Andreas, Die kanaanäische Frau, Maria die Frau die Jesus salbte, Henoch, Schifra und Pua, Junge der fünf Brote und zwei Fische hergibt, Jakob, Esau und Josef.